AF617558

ABDENNOUR BIDAR

¡Liberémonos!

De las cadenas del trabajo y del consumo

Esenciales

¡Liberémonos!

De las cadenas del trabajo y del consumo

Abdennour Bidar

Camino de Hormigueras, 122 Bis. Planta 3, nave Q1.
28031. Madrid

Tel.: 91 409 35 73

E–Mail: popular@editorialpopular.com

www.editorialpopular.com

Diseño de colección: Francisco Pino

Traducción: Leydi Casas

I.S.B.N.: 978-84-7884-979-6

Depósito Legal: M-2909-2025

Imprime: Cooperación Editorial, S.L.

"Quienes deben mostrarnos el camino y moldear
las ideas radicales e utópicas hasta que de pronto
se vuelvan realistas son, sobre todo,
los jóvenes comprometidos con la sociedad."

Guy Standing, 2016.

Entrevista con Stéphane Jourdan, "¡Basta!", 1 de octubre de 2012.

“La humanidad nunca ha tenido la oportunidad histórica que hoy se le ofrece: hacer que el tiempo del que disponemos para la búsqueda de sentido sea más importante que el tiempo que necesitamos para el trabajo, el esparcimiento y el descanso.”

Peter Glotz, 1987.

Peter Glotz, «Die Malaise der Linken», *Der Spiegel*, n.° 51, 1987.

Índice

RETENIDOS COMO REHENES

Cerca de mi casa hay una fábrica de celulosa cuyas emanaciones son, kilómetros a la redonda, una verdadera pestilencia que envenena la vida de todo el vecindario. Es propiedad de una multinacional indonesia que hace oídos sordos a las advertencias del prefecto que insiste en que debe ajustarse a las normas europeas y francesas en materia de emisiones de gases a la atmósfera. Por tanto, el Estado francés se declara impotente, más aún cuando comprendemos muy bien el chantaje que puede ejercer la empresa cuando se trata del empleo: "¿Van a seguir molestándonos con sus normas? Pues nos iremos con nuestra producción a otra parte y mañana tendrán 250 desempleados más en su territorio, que sufre bastante ya en el plano económico".

¿Por qué nos sentimos impotentes ante este tipo de situación? ¿Por qué los políticos, pese a sus promesas, a menudo no pueden hacer nada contra las crecientes deslocalizaciones? ¿Por qué nos quedamos todos sin solución ante este sistema de la rentabilidad, la ganancia, la razón económica inhumana y todopoderosa? Los motivos de fondo son simples: mientras que nuestro salario siga dependiendo de nuestro trabajo, seguiremos siendo los rehenes de quienes quieren ofrecernos trabajo solo cuando conviene a sus intereses, pudiendo quitárnoslo de la noche a la mañana según la misma lógica. Aún más claramente, somos esclavos del capitalismo mundial, que distribuye el trabajo en función de un único objetivo: el beneficio de la casta de los pudientes.

Imaginemos por unos instantes que los empleados de esta planta de celulosa tuvieran otra alternativa que no fuese elegir entre conservar este empleo o encontrarse de pronto en el paro.

Imaginemos que cada uno de ellos tuviera una nueva posibilidad: disponer de una "renta universal" o de un "subsidio universal", "es decir, que pudiera otorgársele incondicionalmente a cada ciudadano un salario básico, acumulable con cualquier otro salario"[1].

En la situación que mencionaba al inicio, esto provocaría inmediatamente dos efectos: uno, la multinacional perdería su herramienta de chantaje, dos, cada uno de sus empleados podría preguntarse si realmente quiere trabajar en esta fábrica. Siempre y cuando el subsidio universal les bastase para vivir decentemente, muchos se decidirían rápidamente por hacer algo que no fuese ir a fichar cada mañana. Y esto nos remite a algo mucho más general. ¿Cuántas víctimas de chantaje empresarial existen actualmente en el mundo? Millones de personas en todo el planeta tienen como única opción para vivir o sobrevivir tener que aceptar vivir

---

1 Van Parijs, Vanderborght, *L'Allocation universelle*, LaDécouverte, París, 2005.

esclavos de un empleo. En Francia, la inmensa mayoría ya ni siquiera se detiene a escuchar los discursos vacíos de una clase política que la abandona en medio de una difícil encrucijada: empleo-dinero, sin empleo-sin dinero. O encontramos y conservamos a toda costa un trabajo que nos permita mantener la cabeza fuera del agua, o caemos en la precariedad y nos dejamos arrastrar por la avalancha de preocupaciones que trae consigo la pérdida de empleo.

¡Si al menos el trabajo se correspondiera siempre con lo que uno quiere hacer con su vida! Pero para la mayoría, esto está lejos de asemejarse a la realidad. La mayoría de los trabajos corresponden al sacrificio de la totalidad, o de una buena parte, de nuestras aspiraciones personales. Si, por desgracia para él, un individuo de 30 años se obstina en no deshacerse de sus ideales, se le aconsejará miles de veces que sea razonable y que se comporte como adulto, es decir, que se ponga en la fila. Tratarán de soplar la vela de su alma para apagarla. Convertiremos el poder de resistirse al sistema en una debilidad, en una señal de inmadurez demasiado persistente. Se le hará sentir culpable para poder mantenerlo como rehén.

Abraham Maslow había percibido con total claridad cómo nuestra sociedad se ha vuelto experta en el arte de persuadir a quien se resiste a dejarse "normalizar", de que decididamente está perdiendo el "sentido de la realidad". "Lo que llamamos normal en psicología, explica, es en realidad una psicopatología de la media". Llamamos normal al individuo cuya cabeza no sobresale de la media, al que se ajusta al orden establecido y entra obedientemente al mercado laboral. ¡Pero no es así! Nuestra autoproclamada "normalidad" enmarca en realidad al mediocre y a quien se acoge al culto de la mediocridad. Tendrá lugar la valorización y promoción social constante del individuo promedio, obediente, dócil, que subirá de nivel y monopolizará las más elevadas posiciones del sistema, mientras que las personalidades más fuertes permanecerán varadas o serán marginadas. De esta manera formamos un ejército de robots adaptados al sistema, e invertimos nuestro tiempo evaluando su rendimiento y comprobando que cumplen con los requisitos de la maquinaria.

¿Resultado? "Todas las épocas, excepto la nuestra, han tenido sus modelos a seguir, sus ideales, que han conformado nuestra cultura: el santo, el héroe, el *gentleman*, el caballero, el místico. Hemos renunciado a todo esto con tal de crear un hombre bien adaptado, un hombre sin problemas"[2].

---

2 Abraham Maslow, *Vers une psychologie de l'être*, Fayard, París, 1972.

¡ATREVÁMONOS A UTILIZAR LA PALABRA ESCLAVITUD!

Casi fue ayer cuando muchos de nuestros padres aún se sublevaban contra la esclavitud. Esta fue la lucha de Víctor Schoelcher, quien obtuvo la firma del decreto de su abolición por el Gobierno provisional de la II República en 1848. Pero espontáneamente nos decimos "no es lo mismo", "no podemos poner la esclavitud y el trabajo en el mismo plano". Sin embargo, los griegos, Aristóteles el primero, justificaban la esclavitud alegando que un hombre libre no podía someterse él mismo a la necesidad de trabajar: necesitaban esclavos... ¡para liberarse de la esclavitud del trabajo! Hurguemos en la base del razonamiento: cuando el trabajo es una esclavitud, y si la esclavitud de otros hombres nos resulta intolerable, entonces ¡busquemos la manera de liberar a todos del trabajo-esclavitud!

La palabra esclavitud nos parece exagerada, de tanto que ha sido relacionada al acto inicuo de "poseer" a otro ser humano, mantenerlo en cautiverio y obligarlo a trabajar sin remuneración alguna. Pero nosotros que no pertenecemos *a priori* a nadie, y que recibimos un salario, ¿podemos por esto considerarnos trabajadores libres? Nada resulta menos cierto que esto. La libertad es el camino. *¿Entonces tenemos o no la opción de trabajar?* No, con la excepción de algunos rentistas y herederos... Y algunos valientes rebeldes o temerarios que intentan lograr la hazaña de vivir de amor y agua fresca.

Hay esclavitud cuando hay dominación. Pero nuestra relación con el trabajo es en verdad, para el común de los mortales, una relación de dominación y sumisión. La diferencia reside en que el mismo trabajo puede ser remunerado más o menos decentemente en algunos sitios y con una miseria en otros lugares pero, en el fondo, ¿qué cambia esto? Da igual si tengo que ganarme el sustento viviendo en un vertedero del Tercer mundo, o como empleado en una fábrica china o ejerciendo como profesor en Francia, el intercambio "dinero contra trabajo" sigue siendo el único modo actual de sobrevivir en la Tierra.

Cada habitante rico o pobre de todo país desarrollado, se somete al trabajo asalariado, al acceso a los organismos de crédito y seguros, y a la amenaza de la deuda...

El dinero que gano lo pierdo enseguida por la vida a crédito y el consumo, mi cuenta bancaria se vacía desde que se repone, y por mucho que me paguen, me mantienen en este estado de falsa riqueza y real escasez, y es así como termino atrapado en la rueda. Si soy un habitante rico de un país pobre, tengo las mismas limitaciones que los habitantes de un país rico, y si soy un habitante pobre, entonces quedaré totalmente aplastado por la esclavitud dinero-trabajo.

Respecto a esto, digámoslo de una vez, ¡la renta universal no debería ser uno más de tantos privilegios de los países ricos, y que como de costumbre la miseria de unos pague el lujo de otros! Por tanto, debe ser una causa global, una movilización a escala mundial, en beneficio de todo el género humano.

Rutger Bregman ya ha hecho el cálculo global de lo que costaría entonces, al señalar que "un salario base de 1,25 dólares diarios por cada habitante del planeta equivaldría a tres billones al año, o sea al 3,5% del PIB mundial. La misma ayuda en efectivo para los habitantes más pobres de la Tierra requeriría menos de 600.000 millones de dólares, aproximadamente el 0,7% del PIB mundial, lo cual eliminaría completamente la pobreza extrema"[3].

Ya no es la naturaleza la que nos domina, como antaño cuando había que trabajar para es-

---

3 Rutger Bregman, *Utopies réalistes*, Seuil, París, 2017.

capar del frío, del hambre, etc. Ahora es el sistema capitalista el que nos esclaviza unos a otros, este sistema organizado de manera que una pequeña minoría recibe casi todo el beneficio del trabajo de la masa mundial. Por eso debemos atrevernos a pronunciar la palabra esclavitud, debido a esta servidumbre generalizada a un trabajo que provoca el descomunal enriquecimiento de unos pocos.

Cuando analizamos las cifras de esta apropiación, la palabra esclavitud ya no nos parece en absoluto exagerada. Ocho multimillonarios poseen lo mismo que la mitad de la población mundial más pobre, o lo que es lo mismo, 3,6 mil millones de individuos[4]. Y mientras estas exorbitantes fortunas se acumulan, ¡2,8 mil millones de personas sobreviven con menos de 2 dólares diarios![5].

Nos explicarán que no es tan sencillo, que

---

4 Oxfam, "Ocho multimillonarios poseen tanta riqueza como la mitad más pobre del mundo", *Les Échos*, 16 de enero de 2017.

5 www.atd-quartmonde.org

es mucho más complejo; pero es mentira. Existen evidencias que no son solo prejuicios. Por desgracia, es tan simple como esto: nuestra civilización es disfuncional incluso más allá del escándalo. Una y otra vez escuchamos que no hay dinero en las arcas del Estado. En verdad, no es que no haya dinero en absoluto, sino que *se destina menos dinero a los pueblos y a sus Estados porque este ha sido completamente confiscado por los más ricos* –las grandes fortunas, las multinacionales y sus *lobbies*.

Esta apropiación no es un daño colateral del sistema, sino un daño sistémico. El sistema está organizado a todos los niveles como un embudo. Fíjense en la implacable acusación de Philippe Diaz[6]. Este documental nos muestra cómo el capitalismo se ha armado de todas las complicidades necesarias. Se ha "perfeccionado" metódicamente con la avaricia y la codicia ilimitada de hombres que planificaron el constante empobrecimiento de las sociedades privatizando o

---

6 Philippe Diaz, *La Fin de la pauvreté,* 2009.

deslocalizando todo en beneficio propio; planificaron el exterminio de los estados del bienestar, la disminución del dinero público en beneficio de la inflación desmesurada de sus enormes activos, arruinaron a muchos países del Tercer mundo expropiando a su gente y corrompiendo a los jefes para adueñarse de todo. Los más ricos acaparan actualmente casi toda la riqueza mundial porque desde hace mucho tiempo conectaron sus bombas de succión para aspirar todo lo que vive y respira: sometieron tanto a los recursos naturales como a las poblaciones, a la materia gris, a los propios Estados cuyas instituciones son desviadas, todo para escupir la riqueza que se produce en el otro extremo, *fuera de su alcance*, en sus paraísos fiscales.

Escuchemos a John Christensen, antiguo director del Tax Justice Network y "pesadilla de los evasores fiscales" según *Le Monde*: "El FMI y el Banco Mundial, liberalizando la circulación del capital, han creado una nueva zona de ilegalidad adonde el capital ha sido transferido a paraísos fiscales alrededor del mundo para escapar a los impuestos. Y esto sucede a una increíble escala. Para darles una idea de la magnitud de este movimiento, las estimaciones más recientes del volumen de los capitales actualmente retenidos *off-shore* por individuos ricos se elevan a la cifra de 11,5 billones de dólares, que es una cifra sorprendentemente alta. Y para estas personas que quieren ocuparse del flagelo de la pobreza, esto implica tener que formularse preguntas reales. Porque si tuviéramos la posibilidad de fijar impuestos sobre dichos capitales, aunque fuese la muy modesta tasa del 30% sobre sus ingresos, seríamos capaces de reunir al menos 255.000 millones de dólares anuales de impuestos adicionales alrededor del mundo, que se podrían utilizar en una serie de objetivos brillantes y que serían más que suficientes para financiar el programa del milenio en aras de la lucha por la reducción de la pobreza"[7].

---

7 "John Christensen, la bête noire des évadés fiscaux", *Le Monde*, 23 de enero de 2017.

SUFRIMIENTO EN EL TRABAJO, SORDERA POLÍTICA

Violencia del sistema, violencia en las relaciones humanas dentro del sistema. "No estoy prosperando en este trabajo, pero necesito el dinero". "No me llevo bien con mis compañeros de trabajo, pero necesito el dinero". "Mi jefe me hace la vida imposible, pero necesito el dinero". El sufrimiento en el trabajo es enorme, casi general, la culpa es del terrible "estado de la naturaleza" de nuestras relaciones profesionales. ¿Cuántos ambientes de trabajo son mediocres o se han degradado por no haberles prestado atención? Dejamos que se desarrollen patologías cada una más nociva que la otra: jerarquía demasiado autoritaria, acoso moral o sexual, francas rivalidades o enemistades solapadas, cada uno a lo suyo, rencores y celos acumulados, etc. Todo esto a menudo se ve agravado por la sensación de aislamiento de cada uno con sus dificultades, por una falta de solidaridad y calor humano. En lugar de aprender a interactuar inteligente y humanamente no hacemos los esfuerzos suficientes para reflexionar juntos a fin de lograr que las relaciones de trabajo sean cordiales, agradables, equitativas y empáticas. No le dedicamos el tiempo necesario al difícil arte de crear vínculos, a cultivar el sentido de colectividad, de colaboración, de comunicación no violenta, de prevención o gestión de conflictos.

En cuanto a nuestras "políticas laborales", continúan ignorando en qué condiciones concretas podrían ejercerse y los males que esto genera a gran escala: estrés, cansancio de las sobrecargas horarias, agotamiento debido a los transportes y desplazamientos, tensión y desgaste por los conflictos o por estar bajo presión, extrema dificultad para conciliar todo esto con la vida privada, especialmente en el caso de las mujeres. Los sufrimientos que provoca el trabajo son silenciados. Los que pudieran hacer algo al respecto permanecen impasibles. Su foco sigue siendo la rentabilidad: hay que lograr que el trabajo cueste lo menos posible y que sea lo más eficaz posible. El asalariado deberá poder ser utilizado al máximo en aras de esta eficacia económica. De ahí, todos los mecanismos de "flexiseguridad", que le permiten al empleador despedir más fácilmente al empleado. Se supone que deben encontrar un empleo tan pronto como sea posible, son solo trampas flagrantes. Convierten al empleado en un trabajador "desechable". Debilitan los derechos del empleado y son solo una de las tantas formas de mantener a la gran mayoría de los individuos cautivos dentro del sistema del trabajo obligatorio. Nos mantienen en el marco de una sociedad del trabajo –mientras que cada día hay menos– en lugar de prepararnos para la sociedad del post-trabajo.

El mismo *software* obsoleto controla más o menos todas las políticas actuales en materia de empleo: las políticas de *workfare* (asignación condicionada a la obligación de aceptar cualquier empleo, so pena de que la supriman) como en Francia el RSA, la Renta de solidaridad activa; las políticas de control de los desempleados, que serán sancionados si el Estado considera que no están buscando empleo activamente, y cuya asignación se anulará si no terminan aceptando un empleo cualquiera; las políticas de *dumping* social que reducen al trabajador extranjero a una mercancía barata para el país de acogida porque puede ser pagado, en realidad mal pagado y desprotegido, por su país de origen (como es el caso de la mano de obra de los rumanos y polacos... que vienen a trabajar a Francia). A todo esto, se añade además lo que Guy Standing –fundador del BIEN (*Basic Income Earth Network*), la principal concentración internacional de teóricos de la renta universal– llamó el "precariado" (contracción de precariedad y proletariado), es decir, la fabricación a gran escala por parte del sistema capitalista de trabajadores pobres, mal pagados, desprotegidos. Sus escasos ingresos los mantienen y los hunden en la pobreza, y los obligan a acumular trabajos –a menudo tres al mismo tiempo– para no irse a pique. En Alemania, en 2006, el 22,2% de los trabajadores ganan menos de dos tercios del salario medio, y una cuarta parte de los americanos se consideran trabajadores pobres.

UNA ALTERNATIVA AL FRACASO DE LAS PRESTACIONES SOCIALES MÍNIMAS

Insistamos en el fracaso de las prestaciones sociales mínimas. Fueron mencionadas recientemente por ocho presidentes de departamento que las tomaron como argumento principal para intentar introducir la renta universal (notemos que estos experimentos, según diversas modalidades, se multiplican actualmente en varios países, Finlandia, Países Bajos, etc.):

"La problemática de la renta básica no es nueva en la historia de nuestras sociedades, y afecta tanto a los proyectos de vida como a las relaciones sociales. Nadie permanece indiferente ante el tema de la renta básica, da igual que la defiendan o la ataquen. Como presidentes de los ocho departamentos, hemos decidido hoy abordar esta temática. Sin dogmatismo, sin certezas, pero con la intuición de que al salir a la luz nos dará la oportunidad de mirar con nuevos ojos los desafíos del presente. Como líderes de la solidaridad, estamos en contacto con el mundo vivido y cotidiano de nuestros conciudadanos. Quienes gestionamos la Renta de solidaridad activa (RSA), calculamos a diario el papel esencial de una red de protección contra la pobreza extrema, pero también sus límites. Su complejidad y la del conjunto de las prestaciones sociales mínimas provocan que no se recurra a ella –más del 30% de quienes tienen derecho a la RSA no la solicitan–, rupturas de derechos y usos indebidos. La RSA fracasa en su empeño de erradicar la pobreza, que afecta a casi 9 millones de personas en Francia, y provoca que se estigmatice a quienes la reciben."[8]

---

8 "Por qué vamos a probar la renta universal en nuestros

En lugar de nombrar estos fracasos, Guy Standing explicita de esta forma la solución de la renta universal:

"La idea sería ofrecerles a las personas el derecho real a una seguridad financiera básica, a un salario básico incondicional. Otorgar este salario a todos hará posible que puedan suplir sus necesidades básicas y vivir dignamente. La ventaja principal de esta seguridad es que constituye la base sobre la que todos podríamos desarrollar nuestro potencial y actuar de manera más responsable y racional con nuestros seres queridos, nuestros vecinos y colegas, pues somos conscientes de que la inseguridad carcome los espíritus y destruye nuestro sentido de empatía. Es esto lo que debemos revertir. La renta básica permitiría, en particular, que aquellos que se encontraran en situación precaria lograran recuperar el control del tiempo, y es-

---

departamentos". El JDD, 26 de noviembre de 2017.

tuvieran en mejor posición al negociar con los empleadores, las administraciones y las grandes empresas. Como también mejoraría la posición de las mujeres ante sus maridos."[9]

9 revenuedebase.info

ROMPER NUESTRAS DOS CADENAS

¿La renta universal es "una idea justa"? "Si la justicia es tanto una cuestión de igualdad como una cuestión de libertad, es difícil no prestar atención a la idea de poder otorgarle a cada quien una misma renta incondicional que le confiera un mínimo de libertad económica"[10]. Más concretamente, *la renta universal es una idea justa porque es quizá la forma más concreta y poderosa para liberarnos de la esclavitud capitalista.* Reflexionemos un poco más en la forma en que esta nos mantiene cautivos. ¿Cuáles son las cadenas que debemos romper?

10 Van Parijs, Vanderborght, *L'Allocation universelle, op. cit.*

La primera nos ata al trabajo: nos obliga a trabajar para ganar dinero. La segunda nos ata al consumo: es la que hace que deseemos dinero y por tanto nos motiva a trabajar. El individuo está obligado a trabajar porque es el único modo de acceder a aquello que la sociedad de consumo lo ha condicionado a percibir como su felicidad: las posesiones. Trabajar más para ganar más, para gastar más, para poseer más. Este es el círculo vicioso donde tantas vidas dan vueltas en círculos. Lo mismo en las clases populares que en la élite, aunque la fascinación por el dinero no se exprese mediante los mismos códigos sociales, es más o menos la misma. No todos lo dirán tan directamente pero el hecho de que "se gane bien" y de que "te puedas dar uno que otro lujo con el dinero que ganas" es para muchos el principal criterio para catalogar un trabajo como bueno.

La implementación de la renta universal no lo resolverá todo, y sería un error considerarla como una varita mágica. Puede que por desgracia con ella solo podamos romper, en el mejor de los casos, la primera de ambas cadenas. El individuo al que se le otorgue ya no se verá atado a la necesidad de trabajar para ganar dinero. Sin embargo, es muy probable que permanezca atado por siempre a la segunda: la cadena de la necesidad inducida de consumir y consumir cada vez más. ¿Recuerdan el mito de Sísifo, condenado por los dioses a repetir perpetuamente su castigo de empujar hasta la cima de una montaña una enorme roca, que rueda ladera abajo tan pronto llega a la cima? El capitalismo nos condena exactamente a lo mismo, creando continuamente nuevas necesidades. Como necesita comercializar su mercancía para seguir generando ganancias, nos condiciona a desear siempre más de lo que ya tenemos, o algo diferente. Necesita que nuestro consumo aumente sin cesar para que sus ganancias hagan lo mismo. Para lograr esto, mantiene al consumidor en un estado de carencia y frustración –más que de verdadero disfrute– mediante una publicidad que le hace desear siempre algo diferente a lo que ya tiene. Es por este motivo por lo que "el burgués no disfruta de sus bienes [...] sino que es un hombre que posterga el placer para el día siguiente, y así perpetuamente", escribía Bernard Marisen en 2010.

Nuestro hedonista estilo de vida es por tanto una pura ilusión. "Impulso de muerte", decía, más que impulso de vida. De hecho, nos hace creer que estamos vivos –bien vivos– cuando en verdad nada nos satisface y nos pasamos la vida intentando revivir mañana el placer de hoy. De este modo, seguimos perpetuamente en espera de la felicidad y en la antesala de un verdadero disfrute de la existencia. Más que nunca, Pascal tenía razón: "Es así como no vivimos nunca, pero esperamos vivir, disponiéndonos siempre a ser felices, por lo que resulta inevitable que nunca podamos serlo"[11].

Entonces no seamos ingenuos, ni demasiado optimistas: por más que hayamos intentado abo-

11 Blaise Pascal, *Pensées*, éditions Brunschvicg, 1670, fragmento 172.

lir el trabajo-esclavitud, solo habremos roto la primera de nuestras dos cadenas. Esto apenas servirá de algo si la segunda siguiera estrangulándonos. Por esta razón la implementación de la renta universal requerirá un inmenso esfuerzo incondicional de nuestra parte. Tendremos que aprender, o reaprender, a encontrar otras metas para nuestra vida que hacer compras sin fin. De lo contrario, podemos imaginar fácilmente lo que harán algunos de los que se beneficien de la renta universal: liberados del trabajo, pero psicológicamente cautivos del yugo del consumismo, solo pensarán en aprovechar este ingreso para consumir.

Por otro lado, nos preguntamos si la próxima artimaña del capitalismo acaso no sea hacer que llegue el día en el que las máquinas reemplacen por completo al trabajo humano: conceder la renta universal, dar la mayor cantidad de dinero posible a las masas para mantenerlos sometidos por medio del consumo. Incluso en China, donde el Estado continúa imponiendo un trabajo-esclavitud especialmente coercitivo, el capitalismo parece centrarse en la fabricación en serie de individuos que dedican casi todo su tiempo a este consumo desenfrenado: "individuos–consumidores", "libres de consumir lo que se les ofrece, es decir, una pseudovariedad de productos idénticos, Pepsi en lugar de Coca, Mac en lugar de un PC, Orange en lugar de Bouygues" y "no hay que ser adivino para ver que China y América se dirigen a gran velocidad hacia un mundo 'apolítico' donde los poderosos deciden el consumo de las masas. El nuevo capitalismo viene aparejado a un despotismo benévolo"[12].

Consideremos bien el improbable riesgo de que mañana el capitalismo ya no necesite de nuestro trabajo. Por más que hayamos logrado implementar la renta universal, no habremos avanzado más, ni nos habremos liberado. Sería suficiente con la cadena del consumo en nuestro cuello. El individuo de nuestras sociedades se subyuga a este condicionamiento mental. Por tanto, cabe dudar seriamente que encontra-

---

12 Bernard Maris, *L'avenir du capitalisme*, Les Liens qui Libèrent, París, 2016.

ra el modo de intentar disfrutar de un "tiempo en libertad"[13] que no fuera una infinita hilera de compras. No le parecerá en absoluto obvio que pudiera utilizar este tiempo para algo diferente, como tampoco vendrá a la mente de la inmensa mayoría. Si la renta universal se obtuviera en estas condiciones psicológicas, sería todo lo contrario a un progreso para la civilización. No nos salvaría del yugo de la esclavitud capitalista sino que sería nuestra perdición, quizá definitiva. De hecho, nos enfrentaría a lo peor que nos podría suceder (sobre todo en mi caso que no me gustan las tiendas), una vida completamente consagrada al consumo. El colmo de los colmos de la renta universal y el tiempo en libertad: estos hermosos ideales acabarían siendo reciclados por el capitalismo para convertirlos en nuevos carceleros de su gran mazmorra planetaria. Una especie de artimaña final de la engañosa bestia. ¿Cómo protegerse contra semejante amenaza?

---

13 André Gorz, *Bâtir la civilisation du temps libéré*, Les Liens qui Libèrent, París, 2013.

LA FUERZA POLÍTICA DE UNA IDEA TRANSPARTIDARIA

Los argumentos a favor de la renta universal provienen de extremos políticos muy diferentes. Existen dos grandes escuelas de la renta universal. La comunista, evidentemente, que la convierte en una cuestión de justicia social y de liberación de las cadenas del yugo salarial capitalista. La izquierda liberal, que calcula su beneficio en términos de liberación de las energías, aprovechando tanto el crecimiento como el consumo y la creación de empresas, en resumen, todo lo que aman los liberales. Estos hacen de manera complementaria el cálculo de lo que le cuesta a la sociedad la esclavitud del trabajo; desde las bajas médicas en períodos de desempleo de larga duración hasta la escasa productividad de todos los que van a trabajar de mala gana. Todos esos que están en "bajo-régimen". Solo invierten su cerebro, su imaginación y energía de manera muy limitada en un trabajo que en realidad no les conviene o que no les agrada en absoluto. Puntualicemos *los rasgos en común* de ambos análisis, por más diferentes que parezcan.

Ambos consideran la renta universal como el medio para liberarse tanto de la servidumbre como de la energía. Una liberación de la esclavitud, o de la inercia ante las iniciativas, la toma de decisiones y las ganas de avanzar.

La renta universal es por tanto una idea política transpartidaria, que supera las divisiones históricas derecha-izquierda. Vittorio de Filippis había retomado la misma idea desde un punto de vista diferente en *Libération,* en 2015:

"La idea navega entre las corrientes de pensamiento y atraviesa alegremente las fronteras ideológicas y geopolíticas. Keynesianos, liberales, ultraliberales, ecologistas, anarquistas, libertarios, filósofos, a esta idea no le faltan seguidores de renombre: Martin Luther King, André Gorz o incluso el Premio Nobel de Economía Milton Friedman, James Tobin, Paul Samuelson o Amartya Sen; por solo citar algunos. De hecho, existen casi tantas fórmulas como economistas. Algunos ven en ella el comienzo del fin del capitalismo. Otros, un nuevo camino hacia la socialización de los ingresos o el fin de la alienación por el trabajo. Otros incluso, imaginan una sociedad post-trabajo, la del tiempo en libertad. Este derecho incondicional a una renta básica permitiría ejercer lo que el filósofo político John Rawls llamaba libertades fundamentales (educación, cultura, vivienda, salud, seguridad). Pese a la disparidad de las corrientes políticas, los puntos de convergencia son muchos"[14].

---

14 V. de Filippis, "Tout non-travail mérite salaire", *Libération*, 16 de agosto de 2015.

Es una dimensión fundamental de su fuerza política. La división paraliza, la sinergia galvaniza. Unir en una causa común a personas de creencias muy diversas, es exactamente lo opuesto a la *división* que provocan todas las ideologías que actualmente batallan en el terreno político. Por tanto, puede representar un verdadero plebiscito popular, más aún porque representa un beneficio evidente, concreto, cuyo impacto todos podrían sentir sobre sus vidas. Si esto no sucedió con Benoît Hamon durante la última campaña presidencial, fue probablemente porque la idea era demasiado nueva. También sucede que nos hemos quedado obnubilados con el "¿Cuánto costará?".

No ha habido ningún debate de fondo sobre las cuestiones que aquí planteo. Esta superación de las divisiones es lo que reivindica por sí mismo el Movimiento Francés por la Renta Básica (MFRB): "El MFRB es transpartidario. Lo cual quiere decir que no está afiliado a ningún partido político pero que puede colaborar con cada uno de ellos. Sin embargo, ser transpartidario no significa ser apolítico. La renta universal está íntimamente relacionada con las cuestiones políticas, ya que trae a colación un análisis sobre la vida y la organización de la Ciudad"[15].

15 http://revenudebase.info

¡CAMBIEMOS DE LUCHA!

Durante toda la segunda mitad del siglo XIX, y más tarde en el siglo XX, hombres y pueblos se batieron para lograr que se reconocieran y respetaran los derechos de los trabajadores. Recordamos las luchas por la reducción del tiempo de trabajo, por las vacaciones pagadas, por el seguro de desempleo, etc.

Actualmente esta lucha continúa donde quiera que estos derechos básicos aún no existan o sigan estando amenazados. ¡Pero están amenazados en todas partes! ¿Cuáles son las conclusiones después de un siglo y medio de luchas sociales para mejorar el sistema *desde dentro*? Estas luchas a lo sumo han reducido los daños protegiendo a los trabajadores. Pero no en todas partes, ni tampoco lo suficiente, así como tampoco ha tenido éxito al impedir que el trabajo-esclavitud se generalice. Es hora de sacar nuestras conclusiones. Hemos hecho una apuesta y la hemos perdido. Apostamos que podríamos depurar el capitalismo desde dentro, conciliar la ley del beneficio y la justicia social. Cuando se cena con el diablo, dicen que hace falta una cuchara muy larga. Pero también tenemos la opción de declinar la invitación. Nadie está obligado a pactar con la maldad sea cual fuere, nadie sería lo suficientemente astuto como para lograr pactar con él sin venderle su alma. Dejemos entonces de acariciar al monstruo para intentar domesticarlo. Mejor dejemos que se muera de hambre, o sea, dejemos de ofrecerle de cena su ración diaria de trabajadores forzados.

La ley del beneficio es demasiado tóxica como para que además asumamos el riesgo de hacer depender el dinero que recibe la gente, de su trabajo al servicio de este beneficio. Los estragos de la injusticia del capitalismo han llegado a ser tales que seguir lu-

chando por los derechos de los trabajadores es seguir luchando por mantener eternamente encerrado a este trabajador dentro del sistema.

¡Cambiemos de lucha! No hemos atacado al mal en su raíz y se ha agravado hasta la podredumbre. Esto es, sin embargo, lo que no quiere comprender la mayoría de los partidos de izquierda, ni el PS socialdemócrata, ni Mélenchon. Ya va siendo hora de que estos luchadores del trabajo analicen nuevamente esta célebre frase de Karl Marx: "En lugar de la consigna conservadora: 'Un salario equitativo por una jornada de trabajo equitativa', deben inscribir en su bandera la consigna revolucionaria: 'Abolir el trabajo asalariado'"[16].

Jean Jaurès también se había dado cuenta de que el gusano estaba ya dentro de la fruta... "El trabajo debería ser ejecutar una acción que nos diera alegría; pero muchas veces es solo servidumbre y sufrimiento. Debería ser la lucha de todos los hombres unidos contra las cosas, con-

16 Karl Marx, "Salario, precio y beneficio", 1865.

tra las fatalidades de la naturaleza y las miserias de la vida; es la lucha de los hombres entre ellos, disputándose los placeres con la astucia, la codicia por la ganancia, la opresión de los débiles y todas las violencias de la competencia sin límites [...] y en este estado de eterno combate, unos son tan esclavos de su fortuna como los otros de su pobreza. Sí, tanto arriba como abajo, el orden social actual no cesa de crear esclavos [...]"[17].

Él escribió estas líneas en 1890. ¿Qué ha cambiado desde entonces? Nada, el problema solo se ha globalizado. Entonces, seamos lúcidos de una vez y llamemos a las cosas por su nombre: el orden capitalista se ha convertido en el totalitarismo del siglo XXI. Bajo su dominio, que dejen de decirnos que "nadie tiene la culpa", que "es así como funciona el sistema" o que "es algo más complicado" y que no sirve de nada acusar a "los ricos". Ciertamente, estos no son más

---

17 Jean Jaurès, "Au clair de lune", *La Dépêche*, 15 de octubre de 1890.

que herederos y rentistas acomodados. Muchas veces son *self-made men* salidos de la nada, creadores de empresas que ofrecen empleo a miles de personas. Pero el punto ciego de este tipo de discursos, es que todos esos son los vencedores de un sistema diseñado en forma de pirámide. Con lo cual no cabe duda de que cualquiera pudiera llegar, teóricamente, hasta su cima. Pero la verdad es que solo una ínfima minoría logra llegar a ella, y en su base solemos encontrar a centenares de millones de olvidados a su suerte.

Que también dejen de sermonearnos y asustarnos con los espantapájaros del islamismo o de la extrema derecha. Sí, estos son monstruos que hay que enfrentar, y fue lo que hice en 2008 cuando tuve la osadía de hablar de las "raíces del mal" del islamismo terrorista en una civilización musulmana muy enferma que no hace más que refugiarse en la negación. Pero, por piedad, ¡dejemos de ser ingenuos! ¡El mayor de nuestros males hoy en día es el capitalismo! Este es, y no otro, el motor actual de la historia, el que nos arrastra hacia la catástrofe de una naturaleza sobreexplotada, envenenada y devastada, y al aumento colosal de las desigualdades. Es él quien se ha adueñado de casi todas las fuerzas vivas de la civilización humana para ponerlas a su servicio.

¡Que lo piensen dos veces quienes creen que las grandes luchas sociales y políticas están aún por llegar! ¡Que los que aún creen que los amos del mundo son amantes de la justicia reconozcan que se equivocan y despierten! Nunca como hoy la bestia inmunda había sido tan poderosa. Antes la bestia era solo una bestia. Aplastaba sirviéndose de la dictadura, se imponía por medio de la fuerza. Hoy se ha vuelto inteligente. Aprendió el arte de la perversidad. Hoy más que nunca, los carroñeros muestran sus dientes blancos. El capitalismo utiliza las máscaras de la más grande seducción. Aprendió a *comunicarse*. El mal se adueñó de todas las palabras del bien. Se convirtió en experto de la parodia, maestro mago y hechicero. Hoy apenas podemos resistirnos porque se ha convertido en algo irresistiblemente atractivo. Insiste en que su publicidad aparezca en todos los discursos, mediáticos y políticos. Su "obra maestra" en este sentido ha sido el desvío fraudulento de tantas organizaciones de Estado al servicio de la injusticia. Una operación a menudo chapucera en las plutocracias del planeta, Rusia, Estados Unidos, donde resulta evidente que los intereses privados se han apoderado de las instituciones... Pero hace gala de una extrema habilidad allí donde este engaño es orquestado por una oligarquía ¡que pretende actuar en nombre de la democracia! Muchos son los jefes de Estado que hablan continuamente en nombre de la justicia y el bien común mientras planifican la completa sumisión de su sociedad ante la lógica de los poderosos. Ayer el capitalismo le decía al Estado: "Déjame en paz", "Deja el mercado libre". Hoy lo hace mejor, es decir, peor. De una manera particularmente astuta, ha tomado el control de una multitud de Estados de Derecho ocultando sus actos detrás de sus embellecidos principios. No deja de insistir en que mientan sus ministerios, sus asambleas y todos sus poderes ocultando el reino exclusivo de los grandes intereses privados detrás de la proclamación del interés general.

RESPUESTA A LAS DOS OBJECIONES HABITUALES

Lo primero que me convenció de la justicia de la renta universal, es la casi unanimidad de nuestras élites *en su contra*. Dirigentes políticos, periodistas, intelectuales, propietarios, empresarios, ejecutivos, jóvenes lobos formados en las mejores escuelas, vi cómo la casi totalidad de esta clase dominante alzaba los ojos al cielo: "Imposible", "Irreal", "¿Cómo lo financiaremos?". En resumen, un tema no válido catalogado enseguida con desprecio como el tipo de ideas fantasiosas en las que la gente seria no invierte ni un segundo de su tiempo. Una vez más, era capaz de constatar la confusión entre el realismo y la incapacidad de un cierto número de mentalidades para mirar más allá de lo existente. Cuando estoy ante una opinión tan generalizada, sospecho de inmediato que se trata solamente de una *creencia* que ha inventado su propia realidad. Recordemos la cueva de Platón. Los hombres que allí vivían tomaban precisamente las sombras que se proyectaban sobre las paredes como su realidad. Lo que los seres humanos llamamos "realidad" a menudo no es más que la creencia dominante del momento... No obstante, tampoco estoy diciendo que la posibilidad de la renta universal no sea igualmente una creencia. Pero si nos procuramos los medios para creer en ella, puede que llegue a ser la realidad del mañana. El ideal es el medio del que se sirven los hombres para crear nuevas realidades.

Lo segundo que me convenció fue otra objeción que también oí cientos de veces. El llamado "premio a la pereza". "Si le damos dinero a las personas por no hacer nada se van a quedar hundidos en el sofá. Ya tenemos un gran problema con la asistencia social en este país, no me parece conveniente crear una nueva oleada de vagos que se beneficiarán de forma gratuita del trabajo de una Francia madrugadora". Esto nuevamente es cuestión de creencia: que el hombre es un "aprovechado", que "siempre hay ganadores y perdedores", y que "para concluir, siempre será lo mismo, el hombre es el depredador del hombre". Estos prejuicios siniestros sobre la naturaleza humana se han convertido en el fondo de pantalla mental de la civilización, nos hemos simplemente limitado a instituir el sistema acorde con ella. ¿El hombre es un flojo? Hagamos que tenga que ganarse duramente su sustento. Todo esfuerzo merece un salario, pero más que nada todo salario merece su esfuerzo. Además, como de todos modos, *lo sabemos muy bien*, "el hombre es malvado y egoísta", nos las hemos ingeniado también para ofrecerle el sistema perfecto para que pueda expresar esa supuesta agresividad: nuestro capitalismo del sálvese quien pueda y de la competencia generalizada como el "mejor" sistema para permitir que nuestra llamada "agresividad natural" pueda dar rienda suelta a su imaginación. ¡Una economía perversa basada en una antropología delirante!

Estas son las aberraciones a las que nos ha llevado nuestra "visión" del hombre: la domesticación del hombre perezoso por medio del trabajo, y la guerra de todos contra todos por el animal malvado.

Si el hombre es reacio a trabajar, en realidad no es en absoluto porque sea perezoso. Démosle la oportunidad de dedicarse a lo que le apasiona, y veremos de inmediato que no teme a esforzarse por naturaleza, sino que es nuestro sistema el que lo convierte en un esclavo.

Si los hombres se enfrentan unos a otros, tampoco es culpa de su naturaleza belicosa. Ofrezcámosle la oportunidad de cooperar en condiciones equitativas y favorables para la realización de cada uno, y no mostrarán inclinación alguna a querellas.

Construyendo sociedades de ganadores (pocos) y perdedores (muchos), el sistema capitalista ha *fabricado* un ser humano individualista y agresivo. ¿Cómo sorprenderse entonces de que, en tal sistema, tantos individuos sean reacios al trabajo? Mientras que es el medio con el que se les obliga a entrar en esta lógica demente del sálvese quien pueda y de la competencia generalizada. ¿Cómo sorprenderse además de que tantos jóvenes posterguen indefinidamente su entrada en el mercado laboral o que muchos otros se sientan atraídos por la economía social o solidaria? Ponen su esperanza en un ámbito en el que el trabajo podría finalmente escapar a las leyes del egoísmo y de la guerra. ¿Cómo asombrarse, en fin, de esta situación absurda en la que nos encontramos, donde todos "esperan" el fin de semana, las vacaciones, la jubilación... del mismo modo que el prisionero espera su libertad condicional o el militar su permiso? Es la esperanza de que *finalmente* podamos respirar un poco, de que empezaremos a disfrutar la vida evadiendo las tensiones y presiones del trabajo. Es una locura si nos ponemos a pensar en ello... pero sucede que precisamente no pensamos en ello lo suficiente, por estar tan acostumbrados a esta condición de prisioneros de guerra. Escapar del trabajo en estas circunstancias no es síntoma de pereza ni de debilidad, sino de un buen reflejo de supervivencia ¡y señal de una buena salud!

En resumen, cuando escucho decir: "Es inviable económicamente", y/o: "Esto es inaceptable desde el punto de vista moral", estas dos críticas no me parecen válidas, sino que se convierten en acusaciones contra los que las formulan. Una proviene de quienes catalogan de irrealismo todo lo que supere su falta de imaginación y, más aún, todo lo que remueva su lugar privilegiado dentro del orden establecido. La otra proviene de todos los que están abrumados por esta imagen patológica del ser humano que acabo de mencionar, convencidos de que este nunca podrá hacer nada sino es a fuerza de engaños y empujones. ¿Entonces la necesidad vital de ganar dinero, el miedo de no poder ganarlo o la ambición de querer tener más que los demás podrían poner al hombre en acción? ¿Así como al lobo, solo el hambre nos haría salir de la madriguera (o del sofá)? Este *pesimismo*, –sobre lo posible y sobre lo humano– es el denominador común de ambas críticas. Que olvidan más o menos rápidamente la famosa frase del filósofo Alain: "El pesimismo es cuestión de estado de ánimo, el optimismo es cuestión de voluntad"[18].

---

18 Alain, *Propos sur le bonheur*, Cahiers du Capricorne, 1925, Gallimard, col. Folio ensayos, 1985.

KAIRÓS DE LA RENTA UNIVERSAL

La renta universal no es un capricho porque corresponde objetivamente al nivel de desarrollo que ha alcanzado la especie humana. Nuestra capacidad tecnológica, industrial y financiera de generar riqueza ha alcanzado tal nivel que se le podría garantizar fácilmente a todo ser humano en el planeta una redistribución *gratuita* de esta riqueza, que lo pondría a salvo de la carencia.

Comprendamos bien la naturaleza de este argumento. La renta universal no es hoy en día una cuestión de carácter moral, un asunto de gran liberalidad o de filantropía, sino el sistema más acorde al estadio de evolución que ha alcanzado hasta ahora la humanidad. Un asunto de *justicia*, por tanto, pero en el sentido de *justeza*, es decir, de lo que realmente es lo más adecuado para el tiempo histórico que vivimos.

Este *kairós* (momento oportuno, circunstancia propicia) es el argumento decisivo en favor de la renta universal. Es el momento oportuno. Su implementación no solo resulta conveniente, sino que además está en completa sintonía con el presente. Reivindicarlo es *actual*, es la forma de justicia más *actual*, en el sentido más exacto del término: forma parte de algo que se ha hecho realidad, que ha entrado en vigor, o lo que es lo mismo, esta mutación de nuestro "paso por el mundo" gracias a la cual ya no estamos sumidos en la escasez que hasta ahora nos amenazaba y nos obligaba a luchar contra ella por medio del continuo trabajo de todos.

Es por esto que la renta universal tampoco es una "idea política" como otras tantas que enardecen nuestros debates. Es mucho más que eso. Darwin la catalogaría como una adaptación de la organización de nuestras vidas a nuestro progreso. ¿Habrá respecto a esto alguna otra propuesta de justicia más apropiada? No, no lo creo. La renta universal es lógicamente el medio de vida adaptado a nuestra nueva situación antropológica, la era de la abundancia. *La renta universal ya no es una utopía, ni tampoco un ideal. Es la actualización de la organización de nuestras vidas a las posibilidades del tiempo presente.*

Después de haber estado sometidos durante milenios a la extrema dificultad de subvenir a nuestras necesidades y de compartir equitativamente unos limitados recursos, desde hace un siglo y medio nuestras máquinas nos permiten liberarnos más o menos totalmente de la necesidad original del trabajo. Esta noción de trabajo corresponde a la "actividad remunerada de producción de bienes y servicios". Esta se refiere por tanto a esta categoría de la actividad humana relacionada con la participación de todos en la satisfacción de nuestras necesidades, siendo esta participación recompensada con el dinero recibido a cambio del bien o del servicio brindado. Por otra parte, en todos los países tecnológicamente desarrollados, equipados con industrias y recorridos por las redes digitales, el tiempo de trabajo necesario no cesa de disminuir porque se produce cada vez más con cada vez menos trabajo humano, el cual es reemplazado por máquinas cada día más numerosas, autónomas y especializadas. No son solo los empleos básicos (mantenimiento, montaje, etc.) los que desaparecen, sino un gran número de personal cualificado de vanguardia (por ejemplo, el diagnóstico médico, la cirugía, el asesoramiento jurídico, etc.). Las máquinas nos sustituirán cada vez más en cada tarea. Vamos a disipar a este respecto una fantasía que ha provocado furor en estos últimos tiempos. Contrariamente a lo que predicen los alarmistas, con máquinas dotadas de inteligencia artificial no nos tendremos que enfrentar a un adversario, sino que, finalmente, tendremos una herramienta a la altura de la complejidad y creatividad de nuestro cerebro, capaz de efectuar por él casi todas las tareas que se le pudieran ocurrir.

¿CATÁSTROFE SOCIAL O METAMORFOSIS DEL MUNDO?

Quizá sea el kairós de la renta universal, pero ¿qué hay de los riesgos sociales a los que esta podría enfrentarnos? ¿No provocaría esta un éxodo generalizado del trabajo, dimisiones masivas, abandonos de puestos de trabajo a gran escala que paralizarían gran parte del sector de los servicios? ¿No ocasionaría un paro generalizado de la sociedad y un inmenso desorden? ¿Cuáles son los riesgos de que semejante escenario catastrófico se produzca? Aunque el éxodo de los trabajadores no suceda de un solo golpe, ¿no deberíamos suponer que puede que la mayoría de los empleos no logren encontrar quien los acepte?

Ciertamente, las máquinas nos reemplazarán tarde o temprano, pero mientras tanto, y muy en concreto, no podemos permitir que mañana no haya suficientes profesores, o que las universidades, las instituciones y los comercios se pongan a dar vueltas a lo tonto, por no hablar de la policía o de la seguridad nuclear.

Independientemente de lo atractivo que pueda parecer el tiempo en libertad, me parece poco probable que pocas personas decidan en efecto dejar su empleo, al menos en un primer momento. Imagino que será un proceso progresivo, como todo cambio importante en las costumbres sociales. Existen muchas razones que me convencen de ello.

Pese a todo lo negativo que genera, el trabajo continúa suscitando y saciando muchas expectativas en nuestra sociedad. Hemos podido percibir una paradoja muy fuerte en Francia, una verdadera "singularidad francesa": "desde que existen, las encuestas europeas sobre los valores indican que los franceses conceden una gran importancia al trabajo, pero que también están entre los europeos que más desean que este ocupe menos espacio en sus vidas"[19].

Ambos autores señalan también que "son muchos más los franceses, en comparación con los suecos y los británicos, los que estiman que el desarrollo de sus capacidades depende del trabajo: más de la mitad de ellos está 'totalmente de acuerdo' con la idea de que el trabajo es necesario para desarrollar plenamente sus capacidades. Esta es la puntuación más alta de Europa. Menos del 20% comparte esta opinión en Gran Bretaña, Suecia y Finlandia". Pero, sigue existiendo la paradoja francesa, "el interés que los franceses otorgan al trabajo parece tener como reverso de la moneda un cierto estrés y un esfuerzo agotador".

Más allá del caso de Francia, muchas perso-

---

19 Lucie Davoine y Dominique Méda, "Quelle place le travail occupe-t-il dans la vie des Français par rapport aux Européens?" ["¿Qué lugar ocupa el trabajo en la vida de los franceses en comparación con los europeos?"], *Informations sociales, 2009/3*, n.° 153, Cnaf – https://www.cairn.info/revue-informations-sociales-2009-3-pág-48.htm

nas están muy apegadas al trabajo como si se tratara de algo precioso y difícilmente reemplazable. Es el caso del artesano que atesora sus conocimientos, del médico, del agricultor visceralmente ligado a su tierra, a su terruño, o del profesor, que tienen la vocación de curar o de enseñar, etc. El trabajo sigue estando relacionado con las nociones morales del servicio, del deber, del mérito. También están todos aquellos que se sienten útiles, reconocidos, y cuyo compromiso profesional incrementa su autoestima; aquellos que aprecian su lugar de trabajo y su ambiente, o la vida estable y regulada que le garantiza este empleo. Para todos ellos, la perspectiva de la renta universal no resultará tan atractiva. Por último, existe otro factor igualmente poderoso para disuadir a cualquiera de abandonar su empleo: el miedo a encontrarse de la noche a la mañana con los brazos colgando a cada lado del cuerpo, sin proyecto personal y sin la socialización cotidiana del trabajo.

Por estos motivos, muchos continuarán trabajando, al menos en un primer momento. Es muy poco probable que la renta universal provoque un maremoto, lo más probable es que se implemente muy progresivamente, sin producir ningún cambio repentino ni, por tanto, una catástrofe debido a la desorganización brutal y general de la sociedad. Pudiera ser que al principio solo las personas acorraladas en infiernos profesionales sean los que los abandonen inmediatamente, en lugar de pedir otra baja por enfermedad o experimentar un *burnout*. Algunos de los que conserven sus puestos de trabajo intentarán simplemente aflojar un poco el torno.

Estos acumularán renta universal y duración más limitada del trabajo con el fin de aliviarse de la sobrecarga horaria y de todas las presiones que han venido sufriendo. También la verán como la manera de equilibrar mejor su vida personal y profesional, de estar más presentes para sus hijos y familia en general, de sentirse más libres de comprometerse como deseen. De esta forma, la concesión de la renta universal multiplicará las ganas de trabajar solo media jornada o un cuarto de jornada. Esta conducirá a la perspectiva de modular a lo largo de nuestra vida nuestra relación con el trabajo, por ejemplo, planificando un período en el que se trabaje un poco o mucho, para después poder dejar de trabajar o trabajar muy poco, centrándonos en otras aspiraciones a las que queremos darle prioridad en un momento dado.

De este modo, poco a poco asistiremos a una metamorfosis del mundo, al ocaso de una sociedad en la que todos trabajan en los mismos horarios. El paisaje social pasará de la uniformidad a la diversidad. El tiempo social ya no será el mismo para todos. Ya no volveremos a ver cada mañana una fila interminable de asalariados soñolientos salir a primera hora de sus casas (en invierno aún es de noche). No padeceremos más hasta el agobio esas interminables horas de transporte que no cesan de alargarse: atascos, aglomeraciones por trenes o metros retrasados y abarrotados. Gracias a la renta universal, muchos podrán tomar la decisión liberadora de no tener que vivir más esta existencia de agitación y de locura, de no estar sujetos a horarios estándares, de poder salir a la hora que les conviene o de quedarse en casa. Seremos infinitamente más libres de elegir el lugar donde queremos vivir. Las grandes metrópolis que nos retienen, porque concentran la mayor cantidad de puestos de trabajo, tarde o temprano dejarán de ser como el atrapamoscas o la bombilla que atrae a los insectos para achicharrarlos. Serán muchas más las personas que decidirán abandonar estas ciudades ruidosas y hacinadas donde se nos hace tan difícil descansar o educar a nuestros hijos. Gracias a ella tendríamos por fin una oportunidad real de volver a invadir los campos, repoblarlos en masa, revitalizarlos y recrear en ellos una verdadera vida social y cultural... Como también de poder llevar en ellos una vida ecológica mucho más genuina que la del burgués urbano que cultiva su pequeño jardín de menta o cannabis en su reducido balcón.

¿UNA IMPLEMENTACIÓN PROGRESIVA Y CONDICIONADA?

La concesión de una renta universal haría sin duda que el número de trabajadores disminuyera lentamente, pero de manera estable. ¿Cómo garantizar que en ese momento habrá suficientes personas que continuarán trabajando para que la sociedad funcione?

Algo que se podría hacer en primer lugar sería pagar mucho más por el trabajo, hacerlo financieramente atractivo para así garantizar que una cantidad suficiente de personas permanezca en sus puestos. El coste general del trabajo aumentaría, para el Estado que asume la función pública y para las empresas que remuneran a sus trabajadores. Nos enfrentaríamos entonces inevitablemente a la objeción mayor en contra de la renta universal: "¿Quién pagará?". ¿Cómo creer que el Estado podrá a la vez pagar una renta universal a todos... y aumentar el salario a sus funcionarios para poder conservarlos el tiempo suficiente? ¿Cómo evitar que un gran número de empresas huya al extranjero para no tener que pagar a sus empleados franceses salarios exorbitantes que los animen a trabajar? Ante estos dos escollos, podemos augurar que, al disminuir el número de asalariados (en el sector público y privado), la masa salarial del Estado y de las empresas será mucho menor.

Ante estas dificultades, ¿la manera más prudente de implementar la renta universal no sería introducirla gradualmente? No es que sea "hamonista[20]", pero ¿no podríamos, como ha hecho Benoît Hamon, proponer que se le asigne en primer lugar a los que ganan menos de 1,9

20 Relativo al candidato socialista Benoît Hamon. (N. de la Ed.)

como salario mínimo bruto por mes, es decir 2.800 euros (5.600 euros para una pareja)? Esto al menos haría posible que esta renta básica fuese un instrumento de "lucha contra la pobreza" y de resistencia activa para los más expuestos, los más vulnerables, a quienes el sistema convierte hoy en sus víctimas preferidas:

- Los jóvenes de 18 a 25 años, condenados al desempleo, a trabajos temporales, a prácticas laborales no remuneradas o remuneradas al mínimo legal de 554 € al mes... Obligados por tanto a entrar en el mundo laboral a través de la dolorosa experiencia de la explotación, y en una edad en que la energía que invierten en construirse a sí mismos debería dejarse fluir mucho más libremente.
- Las personas menos cualificadas, que solo encuentran empleos precarios cuando los encuentran, y que en cierto modo están casi condenadas al "estatus" de trabajador pobre o a una "ayuda vitalicia" de asistencia mínima social.

- Las mujeres, que son las más frágiles al enfrentarse a este mercado laboral inhumano que hace pesar sobre ellas el hecho de dar a luz, con tal de penalizarlas en términos salariales, progresión profesional, e imponerles el tener que decidir entre sacrificar su deseo de ser madres o su ambición.
- Los discapacitados, los enfermos, los inválidos, todos los que, debido a su vulnerabilidad o sus heridas, sus dolencias, secuelas o dolores crónicos, no pueden trabajar.
- Los ancianos, por último, cuya pensión es a menudo demasiado escasa como para llevar una vida mínimamente decorosa, y que terminan consumiendo su jubilación en residencias donde viven prácticamente recluidos.

Ya han sido elaborados los argumentos económicos que demuestran que la renta universal es una prodigiosa palanca contra las discriminaciones, y que "pudiéramos intentar emplearla para combatir el desempleo al mismo tiempo que la pobreza"[21].Y como bien explicaba el candidato del PS en la última presidencia para responder a quienes aún dudaban de su viabilidad económica: "Financiada con 35.000 millones de euros, la Renta Universal no incrementará el déficit ni agravará nuestra deuda: solo obligaremos a contribuir a quienes se han enriquecido con la crisis. Esta nueva medida será financiada por la lucha contra la evasión y el fraude fiscal, la reanudación del crédito fiscal en las empresas que no crean empleo y un impuesto sobre los superbeneficios de los bancos"[22].

Para continuar argumentando a favor de esta viabilidad económica, contra todos los profesores de realismo, pudiéramos analizar el trabajo de todos los economistas que han trabajado en este tema. Sus argumentos y los mecanismos que han ideado ponen en tela de juicio la *doxa* dominante, demostrando claramente que esta

---

21 Van Parijs, Vanderborght, *L'Allocation universelle, op. cit.*

22 https://www.benoithamon2017.fr/rue/

no es más que una ideología, véanse en particular los trabajos de BIEN (*Basic Income Earth Network*).

Tengo una sola pregunta que plantearles a estos economistas. Van Parijs habla de la renta universal como si esta debiera otorgarse "incondicionalmente". Sin embargo ¿sería justo distribuirla de esta manera sin nada a cambio? ¿De qué sirve un derecho sin deberes? ¿No podemos imaginar que la concesión de la renta universal debe estar condicionada a la participación del individuo en un servicio cívico, es decir, en una actividad de interés general que solo le ocuparía unas horas a la semana, sin impedirle que pueda dedicar la casi totalidad de su tiempo a sus proyectos personales? Yo creo que una sociedad solo puede funcionar si cada uno es consciente de aquello con lo que puede contribuir al bien común, y si se procura los medios para participar en este... sabiendo que algunos dedicarán su propio tiempo libre, a su manera, al servicio de la colectividad. Este es un tema para debate.

LOS DESAFÍOS DEL TIEMPO LIBRE

"Una nueva perspectiva se alza ante nuestros ojos (...): la construcción de una civilización del tiempo libre. Pero en lugar de ver en ello una tarea apasionante, nuestras sociedades le dan la espalda a esta perspectiva y presentan el tiempo en libertad como una calamidad. En lugar de preguntarse qué pudiéramos hacer para que en el futuro todo el mundo pueda trabajar mucho menos, mucho mejor, todos recibiendo su parte de las riquezas producidas socialmente, los dirigentes, en su gran mayoría, se preguntan cómo hacer para que el sistema reclute más mano de obra, cómo hacer para que las inmensas cantidades de trabajo *ahorradas* en la producción se puedan gastar en trabajos sencillos cuya principal función sea mantener a las personas ocupadas."[23]

Esto es lo que escribía André Gorz en 1993. Es inexorable que el tiempo que dedicamos a producir riquezas disminuya. Lo único que mantiene la masa trabajadora es el interés capitalista en mantener la esclavitud del trabajo. Pero lo único que logra esta mentira es confrontarnos colectivamente al inédito desafío sin precedentes de la rarefacción y quizá desaparición, no del trabajo ¡sino del trabajo *humano*! Esto va a significar un vuelco radical en nuestras vidas, cuyas consecuencias tendremos que evaluar, particularmente en esos lugares donde "se vive para trabajar" en lugar de "trabajar para vivir", como es el caso de Estados Unidos y Asia.

El trabajo cumple funciones centrales e indispensables en nuestras sociedades humanas. Es el factor de integración de cada individuo en

---

23 André Gorz, *Bâtir la civilisation du temps libéré*, *op. cit.*

la vida de la comunidad, y las personas suelen definirse a sí mismas y ante los demás por el trabajo que desempeñan. De esta forma, es tanto un cimiento social como un pilar de la identidad personal. ¿Cómo vamos a formar parte de la sociedad y construir nuestras identidades sin el trabajo? ¿Cómo podré, como ser humano, existir sin un trabajo que hasta ahora siempre me había ayudado a descubrir quién soy y para qué sirvo? El fin programado del trabajo nos enfrenta tanto al peligro inminente de hacer estallar la sociedad en mil pedazos como a la terrible sensación de perder nuestra identidad.

Pero esto no es todo. Habrá otros retos que tendremos que afrontar de inmediato. ¿A qué asunto *inteligente* podré dedicarme durante mi tiempo libre? ¿Simplemente disfrutar de la vida, vivir como el saltamontes, día a día? ¿Habrá algo interesante en lo que pueda invertir el dinero que he recibido sin que haya tenido que ganármelo? ¿Gastarlo simplemente en lo que me apetezca siguiendo el impulso del momento? ¿Y por qué no, después de todo? Cada cual que decida lo que quiere. No obstante, tarde o temprano, muchos comenzarán a cuestionarse, tendrán ambiciones diferentes. ¿Y si utilizara este tiempo y dinero para *atreverme por fin*? Atreverme a asumir el riesgo de mis proyectos más personales. Atreverme a dedicarme a lo que siempre he soñado. Atreverme a cambiar mi vida. Salir de mi zona de confort, embarcarme en una aventura, enfrentarme a lo desconocido. Implicarme en causas sociales o humanitarias a las que había renunciado por tener que ganarme la vida. O pudiera quedarme tranquilamente en casa para cuidar de mis hijos, de mi jardín o de la salud de mi alma. En mi tiempo de ocio dedicarme a estudiar lo que me apasiona, leer o meditar. Tomarme el tiempo de disfrutar de un largo período de hibernación, de transición y de gestión de futuros proyectos.

Nadie tiene que decirme qué es lo inteligente que pudiera hacer con mi renta universal. Solo de mí depende la responsabilidad, la imaginación y la audacia de dilucidarlo, de intentarlo, de atreverme, de arriesgarme. Soy yo quien debe *averiguar para qué quiero utilizarla*, pero no necesariamente tengo que *averiguarlo solo*. El matiz es importante. La renta universal no debería aislar aún más a los individuos entre sí, cada quien averiguando por su lado qué va a hacer con su vida en libertad. Pensar por uno mismo no es lo mismo que pensar solo. El pensamiento se nutre tanto del diálogo como de la meditación solitaria y silenciosa. Para abordar la vertiginosa cuestión de un tiempo en total libertad, insisto en que nunca seremos demasiados si nos juntamos entre todos para pensar en ello, en otras palabras, si creamos todos los posibles círculos de reflexión con este propósito.

No podemos estar seguros, de hecho, de que todos tendremos espontáneamente una idea clara de lo que haríamos. Es un difícil ejercicio de discernimiento, una vez superado el entusiasmo inicial. Lo que yo haría me lleva a preguntarme "para qué estoy hecho", "cuáles son mis ambiciones", "qué proyecto me atrevería a emprender o en qué me refugiaría", "qué me gustaría probar o crear". No resulta fácil abordar y profundizar en estas cuestiones de filosofía práctica, de filosofía en primera persona. Requiere adquirir una cierta cantidad de habilidades: una cultura de autoanálisis, una confianza en sí mismo, la capacidad de imaginar un futuro anhelado y la capacidad para asumir riesgos. Pero nada de esto nos lo enseñan en la escuela, y más tarde, durante la vida adulta, la sociedad tampoco nos apoya en este ejercicio de cuestionamiento personal. Si, como resultado, la obligación de trabajar desapareciera el día de mañana muchos de nosotros podríamos sufrir un profundo desarraigo; pues no estaríamos en absoluto acostumbrados a analizar nuestras vidas por nosotros mismos. No tendríamos el hábito de sondear el campo de nuestras propias aspiraciones interiores. Más bien por el contrario, tendríamos este "sentido interno" atrofiado por una esclavitud de trabajo y de consumo que siempre le ha servido de muletas mentales a los individuos, decidiendo sus vidas por ellos, y enajenándolos con objetivos externos.

UNA NUEVA ESCUELA Y HOGARES DEL TIEMPO LIBRE

¿Cómo podemos evitar encontrarnos perdidos en el mundo del tiempo libre?

En primer lugar, necesitamos una escuela que enfrente a los niños lo antes posible a la experiencia de la máxima libertad. Esto implicará cambios muy importantes en nuestra cultura pedagógica, que está evolucionando pero que debe ir mucho más lejos. ¿Nos atreveremos, por ejemplo, a dejar que los niños elijan lo que quieren aprender, según sus propios intereses y a su propio ritmo, en lugar de imponerles asignaturas obligatorias, programas estándares, horarios saturados? ¿Hemos medido correctamente el impacto de un sistema escolar en el que decidimos todo por el niño y por medio del cual se le condiciona a convertirse en un individuo obediente y pasivo? ¿En el que su iniciativa personal nunca se estimula lo suficiente y la expresión de su individualidad se ve amordazada por la hegemonía del modelo del "buen estudiante" apto para encajar en el molde?

Contrariamente a esto, sin embargo, somos testigos de muchas nuevas prácticas docentes, que fomentan desde etapas muy tempranas la autonomía, la confianza en sí mismo y la capacidad de expresión. Cada vez más profesores consideran que su papel es apoyar a los niños y adolescentes en el proceso de apropiación, experimentación y en la aventura de su libertad. Los ayudan a seguir sus propias intuiciones, a tomar sus propias iniciativas, a cultivar su espíritu crítico, a buscar el conocimiento por sí mismos, a formular sus propias preguntas y a encontrar sus propias respuestas. En resumen, los profesores aspiran a convertirse, o en volver a ser, un modesto Sócrates: no pretende poseer ni dispensar su verdad, sino que anima y ayuda a todos en el prolongado esfuerzo de darse a luz a uno mismo.

Luego, en el caso de los adultos, abogo por la apertura, en todas partes, en cada barrio y en cada comuna, de *hogares del tiempo en libertad*. Una especie de prolongación de la escuela, una escuela para toda la vida. Lugares de coeducación donde unos y otros pudieran ayudarse unos a otros a vivir el tiempo libre, deliberar juntos sobre el modo de entrar en esta nueva existencia, de los desafíos sin precedentes a los que tendrían que enfrentarse y de las oportunidades hasta ahora desconocidas que se nos ofrecerían. Estos hogares del tiempo en libertad nos permitirían de este modo asumir la renta universal como una experiencia de inteligencia colectiva, es decir, compartida, dialogada y concertada, en lugar de estar cada uno libre por su cuenta. Tendríamos la oportunidad de vivir la experiencia de aprender a ser "libres juntos" en lugar de conocer una libertad solitaria o una "convivencia" actualmente demasiado teórica.

Seríamos compañeros de liberación, en lugar de ser, como lo que hoy somos, compañeros de calabozos. ¿Sería conveniente prever quizá –en estos hogares– la asistencia de psicólogos, terapeutas de diferentes escuelas, filósofos que pudieran ser oyentes atentos o consejeros, y que pudieran organizar un poco los debates?

Imagino estos hogares del tiempo en libertad también por otra razón. No confío en una sociedad de individuos que recibirían una renta universal sin tener que salir de sus casas... ¿No significaría esto deslizarnos deliberadamente hasta el último estadio del individualismo moderno? ¿El punto culmen de la desvinculación con el mundo, de la atomización de nuestra sociedad? Si este debiera ser el panorama, la renta universal y el tiempo en libertad no habrían sido más que una gran ilusión. Un sueño convertido en esta pesadilla de la herida mortal infligida a la ambición de erigirnos en sociedad.

¿SEREMOS CADA UNO DE NOSOTROS CAPACES DE VIVIR EN LIBERTAD?

Las sociedades de masas del siglo XX fabricaron individuos seriados con gustos más o menos idénticos, que deseaban por igual comprar los mismos bienes de consumo fabricados en serie por la industria. Hemos formateado al individuo que pasará su vida fabricando (y pagando) los bienes estándares de la producción industrial. Ante esta "fábrica de clones", como diría *Star Wars*, la renta universal nos conduciría exactamente a lo contrario: la experiencia de la libertad y de la singularidad. Expondría nuestras conciencias y nuestras sociedades obligándonos a todos a poder y deber elegir *verdaderamente* por nosotros mismos nuestro propio estilo de vida. Por último, ofrecería a nuestras sociedades la oportunidad que la democracia política ha *pretendido* ofrecer. Pero, como sabemos, esta no ha tenido hasta el momento ni los medios ni la voluntad real de hacerlo. El ciudadano, de hecho, es esta contradicción evidente de un ser que tiene derechos pero que no es libre. Aunque sus derechos le garantizan una seguridad, no le ofrecen la capacidad real de elegir su vida.

Gracias a la renta universal –lo expreso en condicional– esto *podría* cambiar completamente. La libertad prometida podría por fin convertirse en realidad. Esta *podría* convertirse en esa capacidad real de elegir nuestra propia vida, lo que Amartya Sen denomina "capahabilidad". De hecho, *tendríamos* tanto el tiempo como el dinero para vivir como mejor nos parezca, mientras que antes la libertad seguía siendo en muchos aspectos un bien teórico para el ciudadano pobre, pero también para cualquier individuo de clase media que se viera obligado a pasar sus días trabajando. Si sigo siendo cauteloso, es por una muy sencilla razón.

Hablar de esta nueva "capahabilidad" no lo resuelve todo. El asunto bien podría ser mucho más complicado. Por tanto, debemos elaborar una visión crítica de este nuevo concepto de "capahabilidad", analizar lo que pudiera realmente permitirnos expresar esta "capahabilidad". El tiempo y el dinero por sí solos no nos harán capaces de llevar una nueva vida, mucho menos una que pudiésemos considerar significativa. Es como la libertad y la autonomía que se promovían en siglos precedentes, no basta con tener derecho a ellas, sino que debemos además averiguar *qué hacer con ese derecho*. De igual modo, el tiempo en libertad y la renta universal solo serán *medios* que, como tales, nos obligarán a pensar en los *fines*, es decir, en los usos de estos medios que nos parecerán los más valiosos. La capahabilidad concedida no será, por tanto, un fin, sino más bien un punto de partida, un reto adicional de la renta universal y a la vez un logro.

¿Seremos capaces de *ocupar* este tiempo en libertad? ¿Cómo asumiríamos el tener que emplear un tiempo que de repente ha quedado exento de las limitaciones externas que hasta ahora nos habían movilizado? ¿Seremos capaces de hacernos cargo nosotros mismos de jornadas que hasta ahora habían estado sujetas a horarios y empleos que decidían por nosotros? ¿Encontraremos los recursos internos de imaginación creativa y fuerza de voluntad necesarios para convertir nuestro tiempo en libertad en algo grande, genuino, algo fructífero, tanto para la expresión de nuestra individualidad como para la calidad de nuestra existencia social?

Abraham Maslow ya había observado precisamente la naturaleza de lo que nos depara el mañana: "Quizá pronto seamos capaces de trazarnos como objetivo el crecimiento y la realización del ser humano y de apuntar al desarrollo íntegro del potencial humano, la libre realización de su estructura interna en lugar de su represión y exclusión"[24]. También creo que no lograremos nada bueno de la "capahabilidad" de la vida en libertad si no trabajamos para liberar nuestra interioridad, si no aprendemos a hacer emerger nuestra más vasta personalidad, a hacer brotar de nuestro interior un nuevo poder vital.

También Hannah Arendt había revelado en *La condición del hombre moderno*[25] que hasta ahora habíamos estado invariablemente condicionados por todo lo que no fuese una vida de libre albedrío. A partir de entonces, predijo, esta podría exponernos al terrible vértigo de una situación privada de todo propósito y sentido *a priori*, y por tanto, demasiado abierta para nuestra psique acostumbrada a vivir hacinada:

"El advenimiento de la automatización [y hoy de la inteligencia artificial], será lo que, en

---

24 Abraham Maslow, *Vers une psychologie de l'être, op. cit.*

25 Hannah Arendt, *La Condition de l'homme moderne*, Calmann-Lévy, coll. Pocket Agora, 1983.

algunas décadas, probablemente vaciará las fábricas y liberará a la humanidad de su carga más antigua y natural, la carga del trabajo, la servidumbre a la necesidad [...] La era moderna, sin embargo, impone la glorificación teórica del trabajo, y de hecho transforma a toda la sociedad en una sociedad de trabajadores. El deseo entonces se cumple, como en los cuentos de hadas, en el momento en que no provoca más que desconcierto.

Es una sociedad de trabajadores la que vamos a liberar de las cadenas del trabajo, y esta sociedad no sabe nada de las actividades más elevadas y gratificantes por las que valdría la pena lograr esta libertad."[26]

---

26 *Ibid.*

DEPRESIÓN NERVIOSA GENERALIZADA...

¿Entonces qué hay del riesgo de que la renta universal nos condene al ocio y al aburrimiento? Algunas personas se habituarán a ello. Permanecerán ociosas o contemplativas indefinidamente simplemente maravillándose del mundo, absortos en la quietud del *Carpe diem* (aprovecha el día). Quizá redescubran el sentido de ataraxia de los estoicos, o incluso más profundamente el del *wu wei* (no acción) de los sabios taoístas[27]. Sin embargo, nada resulta más ajeno a nuestra civilización contemporánea, que apuesta por la acción. Obsesionada con el "hacer", sumerge a

27 Marcel Granet, *La pensée chinoise*, Albin Michel, 1999.

todos en el frenesí de este "hacer": siempre hay que hacer algo con su día, consigo mismo, con su vida. Trazarse constantemente metas, tener éxito en la vida, superar los propios límites, aspirar a tal o cual logro, "averiguar quiénes somos", etc. Por más que algunos apunten a una riqueza material y otros a una sabiduría espiritual, el credo es el mismo. La existencia sigue siendo el tictac de un reloj. Solo tenemos una vida para llegar a alguna parte y hay que llegar cueste lo que cueste. Casi todos los hombres se cuelgan a sí mismos con la cuerda del tiempo que pasa y que se escapa. Pero la vida humana tiene sus estaciones, como toda vida en la naturaleza. Esta necesita tanto de la acción como de la contemplación, tanto de la actividad como del descanso. Esta alternancia le da su ritmo y este ritmo le aporta su energía. La dinámica de las cosas proviene de la alternancia de sus opuestos, que se complementan. Tendremos energía para lanzarnos a la acción en la medida en que hayamos descansado y hayamos recargado nuestra fuerza vital durante este descanso.

Ya en 1930, John Maynard Keynes nos había advertido lo terrible que podría ser un futuro sin trabajo si lo analizamos más minuciosamente, aunque parezca muy deseable si lo miramos a distancia. Los seres humanos han estado tan acostumbrados a trabajar siempre que "podemos avizorar un colapso nervioso generalizado" cuando a "la humanidad se le prive de su propósito tradicional". La famosa "capahabilidad" sería entonces, paradójicamente, vista como una *incapacidad*, parálisis de la voluntad y desorden mental, impotencia para hacerse cargo, cuando el trabajo siempre nos había obligado a orientarnos en la clara necesidad de cubrir nuestras necesidades. Esta necesidad era tiránica, pero al menos tenía la inmensa ventaja de decirnos qué hacer con nuestra santa jornada diaria, cómo llenarla con la sensación del trabajo bien hecho y del deber cumplido. Eterno impedimento para la libertad, y en mayores proporciones que nunca antes. En cuanto la tenemos "de verdad", los problemas comienzan cuando somos conscientes de lo que realmente exige de nosotros:

la incomodidad de la elección, de la decisión, de la iniciativa, del riesgo, de la incertidumbre y de la responsabilidad. Quizá sea por eso que los seres humanos a menudo reclaman esta libertad para huir de ella en cuanto la tienen...

Keynes señala irónicamente a este respecto que el "ocio", antes buscado como un bien preciado, se convertirá en una especie de repelente. Ya no será ese paréntesis de descanso entre dos periodos de trabajo que todos esperamos con impaciencia. Se dilatará indefinidamente, convirtiéndose en unas vacaciones perpetuas y la cuestión será averiguar el modo en el que vamos a reaccionar psicológicamente. El peligro reside en que esto se experimente como la perspectiva aterradora de un día interminable, que resuena desesperadamente hueco. ¿Podemos imaginarnos con claridad lo que sería la vida si cada mañana fuéramos los dueños de nuestro tiempo? Algunos se sentirán inmediatamente invadidos por la sensación de una libertad formidable, pero ¿este entusiasmo inicial se mantendrá en el tiempo?

Por el contrario, Keynes predijo que este ocio, que era "un manjar al que aspiran los que se ganan el pan con el sudor de su frente", solo seguiría siéndolo "hasta el día en que ya no tuviesen nada que hacer". Y podemos imaginar, continúa, que "en los siglos venideros, el viejo Adán permanecerá tan latente en nosotros que todos tendremos necesidad de trabajar un poco para sentirnos bien [...]. La jornada de tres horas o la semana de quince horas podrían solucionar el problema durante mucho tiempo. Tres horas al día son más que suficientes para satisfacer al viejo Adán que se oculta en la mayoría de nosotros"[28].

Keynes –siempre él– había visto que la dificultad que nos acecha no tiene que ver solamente con la modernidad capitalista, sino con toda la historia conocida de la humanidad. Desde el momento en que esta adquiera el poder extraordinario de producir la abundancia ge-

---

28 John Maynard Keynes, *Lettre à nos petits-enfants*, Les Liens qui libèrent, 2017.

neral, tendrá que enfrentarse a lo que Keynes llamó "desempleo tecnológico" y veremos el pasatiempo de "dedicar nuestro excedente de energía a fines no económicos". Sin embargo, esto representa *"un verdadero desafío para la imaginación"* porque "por primera vez desde su creación la humanidad se enfrentará a su verdadero problema permanente. ¿Qué hacer con la libertad que hemos arrancado de las garras de la urgencia económica? *¿Cómo ocupar el tiempo libre [...] que nos hemos ganado llevando una vida juiciosa, agradable y buena?"*.

... ¿O UNA ESTIMULACIÓN SIN PRECEDENTES?

¿Podemos sin embargo ser un poco más optimistas que Keynes en cuanto a nuestra capacidad para asumir el desafío del tiempo libre? Creo que sí podemos. No subestimemos el estímulo sin precedentes que podría provocar. No subestimemos *lo erótico* propio de la renta universal, es decir, su impacto en nuestra capacidad de desear y de emprender. En muchas mentes, la concesión de este premio tendrá el efecto de una verdadera revelación, de una experiencia eufórica e iniciática. Despertará una enorme dosis de audacia, imaginación y energías dormidas. Desatará grandes cantidades de apetitos de vida, de descubrimiento, de aventura y creación. En muchos abrirá la puerta al campo de las posibilidades y de la asunción de riesgos. Será un verdadero *shock* psicológico para todos aquellos que tendrán que pellizcarse para darse cuenta de que no están soñando, sino que realmente tienen el tiempo y el dinero que necesitan para poder vivir al fin la vida de sus sueños.

Se multiplicará por diez, por cien, por mil el número de personas apasionadas, comprometidas, creativas, capaces de desplegar todo su ingenio, de movilizar todos sus recursos internos, de *darlo todo* en una actividad libremente elegida que le dé sentido a su existencia, que la convierta en algo sabroso y estimulante, que la ilumine y eleve más allá de las alturas. ¿Qué mejor fuente de energía que esta? ¿Qué fuerza es más poderosa que la del ser humano apasionado? ¿Y nos damos cuenta de la reserva de energía que esto representa? Esta reserva nunca se ha explotado lo suficiente en las sociedades humanas. Siempre ha sido una pequeña minoría la que se ha arriesgado a escapar del sistema del trabajo obligatorio para vivir de acuerdo con sus aspiraciones personales, siempre ha sido una minoría la que se ha entregado de lleno a un trabajo satisfactorio. Esta fuente de nueva energía, propia y duradera, será *la contribución ecológica de la renta universal*, su propia contribución al desarrollo de tales energías.

La renta universal no solo despertará lo que está dormido, sino que se encontrará con un despertar que ya podemos sentir. Está en consonancia con las aspiraciones en aumento. Hoy, de hecho, cada vez son más los que consideran que es estúpido pasar toda su vida ganándose el pan con el sudor de su frente, e igual de estúpido pasar toda su vida consumiendo. Entre las nuevas generaciones en particular, se evidencia de manera masiva la reacción contra este modo de vida, que no tiene sentido y no lleva a ninguna parte. No es que rechacen necesariamente el trabajo como tal, más bien piden y exigen sin concesiones algo muy distinto a lo que pedían sus ancestros. Indomables, rechazan la mayor parte de las tareas que solo son alimenticias y que solo persiguen objetivos materialistas (riqueza, éxito, poder). Buscan a cualquier precio escapar de los esquemas tradicionales (jerarquías verticales, el mismo trabajo de por vida, horarios de oficina, etc.), pero les resulta difícil. Buscan oportunidades que signifiquen algo para ellos, en particular las de la ESS (Economía Social y Solidaria). Exigen una actividad que les proporcione placer aquí y ahora, mientras que sus mayores aceptaban una vida laboral en la que esperaban pacientemente evolucionar hacia empleos interesantes. Ya no se someten a esta temporalidad religiosa, escatológica, que siempre posponía *todo para más tarde* –hasta después de la carrera, en la jubilación– la promesa y la recompensa de hacer finalmente lo que aman.

Estos jóvenes pueden parecernos hiperconsumistas, pero lo cierto es que la mayoría de ellos son muy críticos y hasta desentonan con el orden actual, al punto de oponérsele radicalmente, con la mediocridad del mundo estúpidamente materialista que les hemos legado. Ya no estamos en la era dorada del consumo sacralizado, ni en los Treinta Gloriosos, cuando la versión americana de la felicidad se equiparaba a la capacidad financiera para acumular bienes materiales. La llamada "generación Y" o "*millennials*" (quienes nacieron alrededor del año 2000) sin duda quieren el nuevo iPhone, pero al mismo tiempo se ven a sí mismos como "una generación en busca de sentido en el trabajo y en su forma de consumir"[29], *y que se opone a la frontera entre la vida profesional y la vida privada, intentando en la medida de lo posible combinar ambas en la unidad o coherencia de un proyecto de vida personal.* Esta generación quiere implicarse en causas, servir a un ideal, o al menos embarcarse en proyectos que tengan sentido en términos de valores (solidaridad, intercambio, educación, ecología, etc.). Tanto es así, que "para el 62% de ellos, es esencial trabajar en una empresa o institución con un 'fuerte impacto social y medioambiental'".

29 Sylvain Rolland, «Les Millennials, un casse-tête pour les marques», *La Tribune*, 5 de julio de 2017.

Entre estos jóvenes, todavía podemos ver cómo suelen preocuparse más por el ser que por el tener. Consideran más importante la autenticidad e intensidad de lo que viven que el hecho de poseer uno u otro objeto. Su propia forma de poseer tiende a lo existencial –por ejemplo, su teléfono móvil o tableta les permite permanecer conectados a su comunidad, en otras palabras, les permite experimentar un sentimiento de pertenencia, de vínculo e intercambio. La preocupación por "nosotros" intenta conciliarse con la del "yo". Sin tener siempre las palabras para expresarlo, las nuevas generaciones aspiran a una gran cantidad de formas de trascenderse a sí mismas y de superar la vida ordinaria, generalmente en consonancia con los ideales de nuestro tiempo: la economía del intercambio, el calor de una comunidad de amigos, la vida en la naturaleza, la evasión por medio de los viajes, los estados de conciencia alterados por el consumo de sustancias. Las grandes cuestiones del significado vuelven a estar en primer plano. La marea sube… Un fenómeno incomprendido de los "adultos mayores", que no lo ven o lo subestiman demasiado a menudo.

La implementación de una renta universal coincidirá con la llegada de estas generaciones que nacen con alma y que no quieren vivir sin ella. Esta les dará los medios que aún les faltan por vivir demasiado apegados a su yo más profundo. Les permitirá rechazar sin prejuicios cualquier trabajo que no esté en consonancia con sus valores o su búsqueda de sentido. Eliminará la amenaza de la inseguridad laboral que sentían todos aquellos que querían seguir su voz interior. Este es otro aspecto de lo que antes he llamado la actualidad de la renta universal: su *sincronicidad* con el gran despertar de las voces interiores que estamos presenciando en el bando de nuestros jóvenes. La magnitud de su rechazo al sistema es extraordinaria. No es la habitual insurrección adolescente a la que siempre hemos hecho frente esperando que "sean cosas de la juventud". No, aquí hay algo más, algo de una fuerza y naturaleza completamente diferentes. Aunque cada generación empezó siendo rebelde y oponiéndose al orden establecido, los que llegan ahora traen consigo algo diferente: el presentimiento de que el viejo sistema está perdiendo sus fuerzas y que ¡ha llegado el momento de proclamar alto y claro tanto *el derecho como los medios concretos para vivir por fin según sus propias reglas!*

¿UN NUEVO TRABAJO?

Jóvenes o menos jóvenes, algunos de nosotros elegiremos continuar trabajando a condición de que el trabajo sea una fuente de realización y de éxitos. El tiempo libre nos liberará *del* trabajo, pero también dejará el camino libre hacia *el* trabajo a aquellos que aún quieran invertir en ello. No será el fin del trabajo, sino el fin del trabajo por obligación. Los que conserven sus empleos, lo harán porque tendrán la esperanza y el proyecto de convertirlo en un terreno próspero en el que puedan hacer crecer su libertad y su realización personal. *El tiempo en libertad y la renta universal modificarán por completo la naturaleza misma del trabajo y cambiará por completo la relación del hombre con el trabajo. Como este ya no hará falta para ganarse la vida se convertirá –y esta será su única posibilidad de sobrevivir– en un nuevo desafío para demostrar su "capahabilidad".*

Si lo conseguimos, el trabajo podría convertirse en el futuro en lo que es hoy de forma relativamente excepcional: en un medio y un campo adicional de autodeterminación y creatividad –*en uno de los medios de crearnos a nosotros mismos, en uno de los lugares de creación personal.* ¿No vemos cómo este desarrollo se está perfilando en nuestros días? Sí, pero curiosamente es el propio capitalismo quien lo promueve. Este ha comenzado a celebrar el nuevo modelo del "empleado creativo", o del "trabajador artista"[30] al que se alienta a expresar su creatividad, sus talentos, sus proyectos e incluso sus compromisos personales. El objetivo que se persigue es obvio: el empleado motivado por sus intereses personales será mucho más eficiente que aquel

30 Roger Sue, *La Contre société*, Les Liens qui Libèrent, 2016.

al que le imponen tareas y objetivos en los que solo pueden implicarse a medias.

Roger Sue explica cómo "el *new management* anima a las personas a 'trabajar' en sí mismos, a cultivar su originalidad, su singularidad y sus relaciones, esenciales para la creatividad y la innovación, de las que depende el rendimiento empresarial. El 'trabajo' del conocimiento en una economía basada en el mismo traslada la fuente productiva de la empresa hacia el mismo individuo, a sus conocimientos, destrezas y habilidades, en gran medida derivados de las experiencias y 'colaboraciones' de la vida privada"[31].

Se habla mucho en Estados Unidos de la aparición de una "clase creativa", formada por tres grupos: "el *núcleo creativo* está formado por individuos implicados en procesos creativos cuya producción se define como la portadora de un significado o concepto novedosos. Estos individuos pertenecen a esferas tan diversas como la ciencia, la ingeniería, la arquitectura e incluso

31 Roger Sue, *La Contre société, ibid.*

la educación [por ejemplo, los investigadores en ciencias de la educación que desarrollan y experimentan con nuevas prácticas educativas] y sus funciones se basan en la creación de nuevas ideas, nuevas tecnologías o cualquier otro producto creativo. En segundo lugar, el grupo de los *profesionales creativos* reúne a individuos implicados sobre todo en la resolución de nuevos problemas [por ejemplo, los matemáticos, los programadores web, etc.] y que recurren a complejas bases de conocimiento para llevar a cabo una tarea o juzgar una situación. Por último, el tercer grupo de la 'clase creativa' está formado por los *bohemios* [artistas, diseñadores, animadores culturales, medios de comunicación, etc.]"[32].

Pero cuidado con las falsificaciones. Dominique Méda nos advierte del riesgo de que estas

32 Sébastien Chantelot, «La Thèse de la "classe créative": entre limites et développements», *Géographie, économie, société 2009/4*, https://www.cairn.info/revue-geographieeconomie-societe-2009-4-page-315.html — y Richard Florida, *The Rise of the Creative Class*, Basic Books, Nueva York, 2002.

nuevas formas de trabajo sean solo una ilusión de progreso aparente en relación con el asalariado tradicional: "El criterio determinante para el trabajador asalariado es la subordinación, es decir, el hecho de tener que trabajar bajo la dirección de alguien que te da órdenes, que controla la ejecución del trabajo y sanciona por los errores [...]. La tendencia más común es criticar el empleo asalariado y su rigidez: que no es la forma de empleo más adecuada a la economía digital y a la revolución tecnológica, sería mejor convertirse en su propio empleador, un emprendedor, una pequeña empresa ágil y flexible. Por el contrario, intentamos mostrar la modernidad de las formas de autoempleo autónomo: gracias a él podemos ser libres, trabajar cuando queramos, estar en casa, no tener limitaciones y, sobre todo, no estar sometidos a una jerarquía. Debemos tener cuidado con la ilusión de tal representación: el empresario autónomo puede que sea libre, pero se enfrenta a los designios del mercado, no cuenta con un subsidio de desempleo ni se beneficia de ninguna de las normas del derecho del trabajador, y muy a menudo, sobre todo cuando no trabaja al mismo tiempo como asalariado, es víctima de una especie de autoexplotación. Las encuestas nos muestran claramente las largas jornadas de trabajo, la confusión entre la vida profesional y privada, y los bajísimos ingresos percibidos. Entonces sí es cierto que el trabajo asalariado sitúa al asalariado en una relación de poder, pero no debemos tener en cuenta que más vale pájaro en mano que cien volando, no menospreciemos el trabajo asalariado por la ilusión de lo autónomo"[33].

El capitalismo ha dejado bien claro que "las prioridades de autonomía, de creatividad y autoexpresión dominan el ámbito social" y que el individuo contemporáneo "ya no quiere estar atado a tareas que le son odiosas"[34]. Pero este nuevo trabajo que nos promociona como "supercreativos", estos períodos de tiempo que me

---

33 Dominique Méda, «La personne du travailleur est totalement occultée», *Philosophie magazine*, 11/03/2016.

34 Raphaël Liogier, *Sans emploi*, Les Liens qui libèrent, 2016.

regala mi empresa para mis "proyectos personales, ¿nos ofrecen realmente lo que esperamos? *¿O es acaso un señuelo diseñado para succionar nuestra energía fundamental, para absorber nuestro yo más profundo?* Esto no es paranoia. El principio del capitalismo es explotar la "fuerza de trabajo". Entonces, ¿no estará a punto acaso de llevar esta lógica al límite, poniendo a su servicio no solamente la energía física de nuestros brazos sino la energía espiritual de nuestra creatividad? Cada quien deberá pensar en sí y velar por sí mismo. Preocupémonos porque este *be yourself*, este "ofrecimiento para ser uno mismo" en el trabajo, no sea la última artimaña del capitalismo para mantenernos en sus redes...

TRABAJO, QUEHACER Y OCIO

Debemos admitir que el tiempo en libertad y el tiempo trabajado mañana no se oponen como el día y la noche, sino que se complementan al servicio de nuestra realización personal. Lo que el individuo haga fuera del trabajo enriquecerá lo que hace en el trabajo, y viceversa, pues ambas circunstancias le ofrecerán oportunidades de autoexpresión diferentes. Será el fin de la antigua separación y tensión enunciadas por Hannah Arendt entre el trabajo (la actividad a la que estoy sometido por la necesidad natural de satisfacer mis necesidades y por la necesidad artificial del capitalismo que me lo impone) y "la obra" (la actividad libre que me satisface). El trabajo "restante" se convertirá por sí solo en un tiempo para la acción. De esta forma, nuestra existencia hasta ahora dividida entre un trabajo obligatorio y el ocio dedicado a la libertad se reconciliaría por fin con un ocio permanente –el ocio que los antiguos llamaban *otium*: el tiempo que se dedicaba al "cuidado de uno mismo", al cultivo de todo aquello que nos hace más humanos, al perfeccionamiento de nuestras virtudes y a la búsqueda de la sabiduría. Plotino escribió: "Si todavía no logras ver tu propia belleza, haz como el escultor de una estatua que tiene que quedar bella: que quita esto, lija aquello, alisa este ángulo, limpia aquel otro, hasta que logra que el rostro de la estatua quede bello. Del mismo modo, tú también debes eliminar todo lo superfluo, enderezar lo que esté torcido, purificar todo lo que esté oscuro para hacerlo brillar, y nunca dejes de esculpir tu propia estatua hasta que brille en ti la claridad divina de la virtud"[35].

---

35 Citado por Pierre Hadot, *Qu'est-ce que la philosophie antique?*, Gallimard, 1995.

Durante este tiempo de ocio estaremos más abiertos que nunca a responder las grandes preguntas de nuestra naturaleza. Estas cuestiones ante las que todo lo demás parece tan irrisorio, fútil y efímero. Estas preguntas que surgen inevitablemente en nuestra conciencia humana, cuando esta tiene el tiempo para meditar, nos asaltarán con fuerza porque ya no habrá nada que nos distraiga de ellas... *¿Quién soy?* ¿A dónde voy? ¿Qué hace que mi existencia valga la pena? ¿Qué tipo de vida hará posible que pueda alinear mi vida con lo que soy en mi fuero interno? ¿Cómo puedo reconciliar la preocupación de realizarme personalmente con el servicio desinteresado a la comunidad? ¿Estoy hecho para la contemplación o para la acción? "¿Qué puedo saber? ¿Qué puedo hacer? ¿Qué puedo esperar? ¿Qué es el hombre?"[36].

¿Entonces quiere decir que todos seremos filósofos a tiempo completo? ¿Dos mil quinientos años después del filósofo-rey de Platón, la

---

36 Emmanuel Kant, *Logique*, 1800, éditions Vrin, 1970.

Ciudad de los ciudadanos-filósofos? Keynes –de nuevo lo citamos en modo profeta– cree de hecho que nos dirigimos hacia una confrontación constante de todas estas cuestiones esenciales: "No está lejos el día en que el problema económico permanecerá en el lugar que le corresponde, en el asiento trasero, y nuestros corazones y mentes estarán ocupados –o más bien ocupados nuevamente– en nuestros verdaderos problemas, los de la vida y las relaciones humanas, los de las creaciones de la mente, los de la religión"[37].

¡Gracias, John! Gracias a ti *por fin abordamos el quid de la cuestión de la renta universal: estos problemas existenciales, que tienen que ver con lo que los Antiguos llamaban la "buena vida"*. La vida correcta ya que está fundamentada por los valores, por el sentido, e incluso por lo sagrado. He aquí otra capahabilidad que tendremos que ser capaces de demostrar: asumir esta nueva

37 Citado por André Orléans en su prólogo a John Maynard Keynes, *Lettre à nos petits-enfants, op. cit.*

situación existencial en la que nuestro desarrollo espiritual no quedará relegado a unos pocos momentos privilegiados, a algunos interludios mágicos, a algunas importantes citas con uno mismo, tras los cuales estábamos al fin lo suficientemente tranquilos para poder conformarnos con las motivaciones ordinarias y con los objetivos diarios. Esto se ha acabado. Con la renta universal ya no tendremos escapatoria. Tendremos que buscar sin cesar todos los días esta "buena vida" de los Antiguos. Tendremos que enfrentarnos constantemente a la difícil tarea de trazarnos nuestro propio rumbo en la vida. *Probarse* a diario –como escribe Montaigne en sus *Essais*– para encontrar nuestra vocación, nuestro camino, nuestra dirección.

En este sentido, la implementación de la renta universal será un suceso no solo social, sino espiritual, porque supondrá un esfuerzo para alimentarnos desde dentro. Aquí es donde comienza de hecho el ámbito de la vida espiritual, que no es necesariamente religioso, en el esfuerzo diario por encontrar el corazón de nuestro ser, en el esfuerzo diario por encontrar el estilo de vida propicio para este viaje interior, para permanecer atentos a todo lo que pueda ponernos sobre la pista de nosotros mismos, para escarbar en lo más profundo de nuestro ser desde los orígenes más secretos. Una revolución para nuestra civilización, *que ha centrado el mundo en un individuo descentrado*. Esta ha puesto la dignidad humana en el centro de nuestros valores y, de forma contradictoria, ha obligado a los seres humanos a vivir fuera de sí mismos (trabajadores y consumidores alienados). En este sentido, la renta universal es la oportunidad prodigiosa de adecuar por fin nuestras vidas a nuestros principios. Si conseguimos utilizar el tiempo en libertad para ocuparnos de nosotros mismos, conocernos en profundidad y ponernos en el centro, entonces tendremos la mejor oportunidad para vivir verdaderamente *centrados*.

Precisemos solamente que una vida centrada es una vida en la que conecto no solo con mi ser más profundo, sino también con los demás y con la naturaleza. Es todo esto lo que me acerca a la humanidad que hay en mí, que hace crecer mi humanidad. Ya he abordado este tema en *Les Tisserands*[38], partiendo de una idea sencilla: yo, como ser humano, *no soy nada por mí mismo*, nada sin los vínculos que me unen a los demás, a la naturaleza y a mi propio interior. Este triple vínculo me ancla al centro de mi más genuina humanidad. Siendo muy conscientes de esto, podemos aprovechar el tiempo en libertad para realizar tres esfuerzos conjuntos:

1. Aprender poco a poco a estar presentes en uno mismo y a expresar quién soy realmente. Construir una vida en la que demuestre mi yo interior.
2. Aprender a darme cuenta de lo mucho que debo a otros seres humanos. Dejar entrar en mí la gratitud y el amor por todo lo que he recibido.
3. Aprender a sentir que pertenezco a la comunidad universal de todos los seres

38 Abdennour Bidar, *Les Tisserands*, Les Liens qui libèrent, 2016.

vivos y a cultivar mis responsabilidades hacia ella.

Nada requiere más tiempo que lograr semejante progreso en nuestro ser. No alcanza el lapso de toda una vida para este trabajo infinito. Solo un tiempo totalmente libre de nuestros sometimientos podría darnos la oportunidad de dedicarnos a ello plenamente.

* * *

Para concluir, he aquí cinco medidas concretas para la implementación de la renta universal:

1. Establecer una renta universal que sea superior a la "prestación social mínima" o al "salario mínimo", estas pseudo-redes de seguridad que no hacen más que sumergir al individuo en la precariedad. En Francia, de 1.500 euros (3.000 para una pareja), y en cada país a partir de un umbral que permita a las personas llevar una vida decente.

2. Inaugurar en cada ámbito social, como también en las redes sociales, hogares y foros de

tiempo en libertad, que ofrezcan espacios reales o virtuales donde todos puedan reflexionar juntos sobre el sentido de este tiempo libre y en todo lo que quieren hacer con la renta universal.

3. Establecer una implementación diferenciada de la renta universal, proponiéndola *automáticamente* a los desempleados, a los jóvenes, a los jubilados, a los enfermos, a los discapacitados o inválidos, y concediéndola *a petición* de cualquiera que quisiese dejar su empleo, sin que tengan que justificarse por ello.

4. A lo largo del proceso de escolarización, hacer de la iniciación a la libertad el objetivo principal de la escuela, para que en la edad adulta las personas no se encuentren perdidas en la civilización del tiempo en libertad, sino dotadas de una capacidad real de autodeterminación.

5. Crear un nuevo ecosistema de civilización reorientado y reorganizado para que todas nuestras estructuras sociales estén al servicio de

un objetivo: ofrecerles a todos y a todas los medios de dedicar su tiempo en libertad para cultivar su humanidad.

Lo demás vendrá a continuación...